中国文化知识读本

Zhongguo Wenhua
Zhishi Duben

历代长城

主编　金开诚

编著　于元

吉林出版集团有限责任公司

吉林文史出版社

图书在版编目（CIP）数据

历代长城 / 于元编著 .—长春：吉林出版集团有
限责任公司：吉林文史出版社，2009.12（2022.1 重印）
（中国文化知识读本）
ISBN 978-7-5463-1584-3

Ⅰ.①历… Ⅱ.①于… Ⅲ.①长城－简介 Ⅳ.
① K928.77

中国版本图书馆 CIP 数据核字（2009）第 236861 号

历代长城

LIDAI CHANGCHEN

主编/ 金开诚　编著/于元

责任编辑/曹恒　崔博华　责任校对/梁丹丹

装帧设计/曹恒　摄影/金诚　图片整理/董昕瑜

出版发行/吉林文史出版社　吉林出版集团有限责任公司

地址/长春市人民大街4646号　邮编/130021

电话/0431-86037503　传真/0431-86037589

印刷/三河市金兆印刷装订有限公司

版次/2009 年 12 月第 1 版　2022 年 1 月第 6 次印刷

开本/650mm×960mm　1/16

印张/8　字数/30千

书号/ ISBN 978-7-5463-1584-3

定价/34.80元

关于《中国文化知识读本》

　　文化是一种社会现象，是人类物质文明和精神文明有机融合的产物；同时又是一种历史现象，是社会的历史沉积。当今世界，随着经济全球化进程的加快，人们也越来越重视本民族的文化。我们只有加强对本民族文化的继承和创新，才能更好地弘扬民族精神，增强民族凝聚力。历史经验告诉我们，任何一个民族要想屹立于世界民族之林，必须具有自尊、自信、自强的民族意识。文化是维系一个民族生存和发展的强大动力。一个民族的存在依赖文化，文化的解体就是一个民族的消亡。

　　随着我国综合国力的日益强大，广大民众对重塑民族自尊心和自豪感的愿望日益迫切。作为民族大家庭中的一员，将源远流长、博大精深的中国文化继承并传播给广大群众，特别是青年一代，是我们出版人义不容辞的责任。

　　《中国文化知识读本》是由吉林出版集团有限责任公司和吉林文史出版社组织国内知名专家学者编写的一套旨在传播中华五千年优秀传统文化，提高全民文化修养的大型知识读本。该书在深入挖掘和整理中华优秀传统文化成果的同时，结合社会发展，注入了时代精神。书中优美生动的文字、简明通俗的语言、图文并茂的形式，把中国文化中的物态文化、制度文化、行为文化、精神文化等知识要点全面展示给读者。点点滴滴的文化知识仿佛繁星，组成了灿烂辉煌的中国文化的天穹。

　　希望本书能为弘扬中华五千年优秀传统文化、增强各民族团结、构建社会主义和谐社会尽一份绵薄之力，也坚信我们的中华民族一定能够早日实现伟大复兴！

目录

一 长城的起源

人类出现后，为了自卫，防御手段也随之产生了。长城在中国古代是作为战争防御工事而修建的。

在人类早期，我们的祖先还处于原始社会。他们为了保护自己，或穴居于山洞地下，或巢居于林间树上。

进入氏族社会后，我们的祖先多聚居于肥沃的河谷一带，在那里修建了简易的房屋。为防御野兽的侵害和其他氏族的侵扰，他们在房屋四周挖壕掘沟，将挖出的土堆在壕沟内侧，形成又高又厚的土墙。有些地方还在土墙上筑有篱笆。

在西安半坡遗址，先民围着居住区挖了一条宽和深各五六米的防御性壕沟。

南京古长城遗址

历代长城

长城是我国古代劳动人民创造的伟大奇迹

在安阳后冈龙山文化层中，有夯土墙围在龙山文化遗址西和南两面，长约70余米，宽约2—4米。

登封王城岗及淮阳平粮台也有夯土城。这些壕沟和城墙全是为了防御而修的。

公元前21世纪，我国进入奴隶社会，

长城是中国悠久历史的见证

在治水中立了大功的大禹建立了我国第一个王朝——夏朝。

夏禹的父亲——鲧发明了城郭构筑技术。当初，洪水泛滥，鲧被四岳推举，奉尧的命令开始治水。他治水的主要方法是沿河修筑长堤，用以拦堵洪水。后来，人们将鲧修筑防洪堤的技术用于筑城，用以保护城中的百姓。

公元前16世纪，商汤攻灭夏朝后，建立商朝。我国奴隶社会在商朝得到了进一步的发展。

商朝最初建都于亳，后来曾多次迁徙，最后由盘庚率领百姓迁都于殷。

殷都故址在今河南省安阳市小屯村。

在小屯村，沿洹河两岸十余里的范围内，分布着宫室、庙宇、住宅、坟墓等殷都遗址。

在小屯村西约 200 米的地方有一条大沟，沟长 750 米，宽 20 米，深约 5—10 米，呈斜坡状，是当年殷民为防御敌人入侵而掘的堑壕。堑壕掘好后，挖出的土自然就形成了一道城墙。

长城是城墙的延伸，源于中原农业部落对北方游牧部落的防御。在长城面前，战马受阻，骑兵无法驰骋，难以奔杀。为了御外而筑长城，这是长城产生的外部原因。

除了外部原因，长城的产生还有其内部原因，长城的出现与井田制的废除有关：战

延安烽火台

长城的起源

秦皇岛抚宁县董家口长城

国以前的井田有沟有阡陌，对战车形成了一道道障碍。战国开始废掉井田制后，为了扩大耕作面积，沟和阡陌都填平了。这样一来，战车在大地上纵横驰骋，横行无阻，敌国间互相变得易攻不易守了。为了阻挡敌国的战车，列国纷纷在边境修筑长城，以求自保。这就是长城产生的内部原因。

二战国长城

长城因长度逾万里，故又称做"万
里长城"

公元前 11 世纪，周武王攻灭商朝后，开始大规模地分封诸侯。此后，除王室筑城外，各诸侯国也纷纷筑城，以巩固其统治。

周幽王十一年（前 771 年），周幽王因宠爱褒姒，废掉了申后和太子宜臼。申后之父申侯勃然大怒，联合犬戎攻杀周幽王。

次年，一些诸侯把周幽王的太子宜臼立为天子，是为周平王。平王即位后，戎狄势力在王畿内发展，严重地威胁着王室的安全。平王不得不远避其锋，从陕西东迁洛邑（今河南洛阳附近）。历史将平王以前的周朝称"西周"，东迁洛邑以后的周朝称"东周"。

东周从春秋时期进入战国时期后，铁器普遍使用，促进了生产力的发展，推动了生产关系由奴隶主所有制向封建地主所有制的变革，导致奴隶制社会向封建社会转化。新兴地主阶级开始夺取政权，并实行变法，从而促进了地主政权的巩固，推动了封建地主经济的发展。

由于地主经济的发展，较强大的诸侯国开始掠夺其他国家的土地和人口，兼并战争越演越烈，日益频繁残酷。为了防御邻国的侵掠，各诸侯国不惜耗费巨资，纷纷在边境上修筑长城。

（一）齐国长城

齐国位于山东省北部，是公元前 11 世

齐长城遗址秋色

纪周武王分封的诸侯国之一。开国君主吕尚,建都营丘(后称临淄,今山东省淄博北)。

齐灵公十五年(前 567 年)齐军攻灭蔡国后,疆土扩大到山东东部。

齐国疆域东到大海,西到黄河,南到泰山,北到无棣水(今河北省盐山县南)。

吕尚是炎帝四岳的后裔,其祖先原居东方,与大禹一起治水,因功被封于吕,遂以吕为氏。

周文王四处求贤时,见吕尚有经天纬地之才,便尊吕尚为师,整军经武。在吕尚的辅佐下,周文王的儿子周武王终于攻灭商朝,建立了周朝。周武王论功行赏,封吕尚为齐侯，还特地赐给他一种特权，可以征伐有罪的诸侯。

春秋初期，齐桓公任命管仲为相，改革朝政。从此国家日益富强，吞并了一些邻国。荀子说"齐桓公并国三十五"，韩非子说"桓公并国三十"。齐国成了华夏各国中最强大的国家。

齐桓公七年（前679年），齐国开始称霸。

这时，楚国也在长江、汉水一带强大起来，有与齐国争霸的野心。

齐桓公三十年（前656年），齐桓公亲率齐、鲁、宋、陈、卫、郑、许、曹八国联军伐楚。大军进至召陵(河南省郾城县东)时，楚成王派使者到军前讲和，桓公许和退兵。

齐长城脚下已是青青田地

战国长城

齐长城顺山势绵延不断

齐桓公这次伐楚，暂时达到了阻止楚国北进的目的。

为了防楚，齐国开始修筑长城。《管子轻重篇》说："长城之阳鲁也，长城之阴齐也。"

齐国长城西起平阴防门，沿泰山北岗而东，经莱芜、博山、临朐、沂水、莒州、日照，直至胶州湾大珠山。

齐国长城是利用原有的堤防连结山脉陆续扩建而成的。早在战国初期，三晋就多次攻入齐国长城，这表明齐国长城的西部在这时即已建成。

公元前 350 年，齐国又曾"筑防以为长城"，也就是将河堤改筑成长城。这表明随着兼并战争的日益激烈，齐国又进行了长城的扩展工程，使长城加长加固，发挥更大的国防屏障作用。

齐国长城是春秋战国时期长城遗址保存较多的一处。

今日的齐长城只剩下断壁残垣

（二）楚国长城

楚国之君以芈为姓，其始祖为鬻熊。西周时，楚国立国于荆山一带，建都丹阳（今湖北秭归东南）。后来，楚国迁都于郢（今湖北江陵西北纪南城）。

楚国长城遗址

楚国常与周王朝发生战争，周人称其为荆蛮。西周衰落后，楚国在长江、汉水一带强大起来。

春秋初期，楚国征服了周围许多小国，继而又打败了周武王分封的一些北方姬姓小国，矛头直指中原。

在齐桓公称霸中原时，楚国尚不能与齐国抗衡。齐桓公死后，周襄王十四年（前638年）冬十一月，楚国出兵伐宋救郑，在泓水（今河南柘城县西）大败宋襄公，控制了黄河流域的许多中小国家。从此，楚国代替齐国称霸中原。

春秋初期，楚国同秦国很少发生正面冲突。秦穆公以前，秦国尚无力向关中以外地区发展。后来，秦国向东发展时，首先遇到的障碍是晋国，而不是楚国。因此，楚国修筑长城的初意在于防御晋国和齐国。

春秋末期，楚国国力不振，秦国日益强大起来。这时，楚国修筑长城是为了防御秦国了。

楚国长城形状如矩，称方城，由邓县东北境起，沿镇平县境向北，由南召县西北方向转向东，至鲁山县南，然后由叶县西境南转，循方城县与舞阳县至泌阴县境。

楚国长城利用山脉高地连结大河堤防筑成，因此楚国长城也称"连堤"。

进入战国后，楚国对长城进行了扩建，用于防秦，具有重要的军事价值。

（三）魏国长城

魏国是西周时分封的诸侯国，姬姓。晋献公十六年（前661年），魏国被晋国攻灭。晋献公将魏国土地分给大夫毕万。

齐长城遗址

金山岭长城被誉为"万里长城，金山独秀"

　　战国初年，毕万后裔魏文侯和赵、韩一起瓜分了晋国。周威烈王二十三年（前403年），魏文侯被周王承认为诸侯，建都安邑（今山西省夏县西北）。

　　魏文侯实行变法，进行封建改革，取得了很大的成绩，使魏国成为战国初期的强国之一。

　　魏文侯三十三年（前413年），魏国大举进攻秦国，一直打到郑（今陕西省华县）。次年，魏国大军又占领秦国的繁庞（今陕西省韩城东南）。魏文侯三十七年（前409年），魏国大将吴起率兵攻取秦国的临晋（今陕西省大荔东）、元里（今陕西省澄城南）、洛

居庸关长城是充分利用地形山势
修建起来的

阴（今陕西省大荔西）等城。

魏国和秦国本以黄河为界，魏国在河西原来仅有少梁一城。在取得上述诸城后，河西之地就全部归魏国所有了。

后来，秦献公即位，实行了一些改革，使国力大大加强了。

魏惠王四年（前366年），秦国出兵向韩魏联军进攻，大败韩魏联军于洛阴。

魏惠王六年（前364年），秦国深入河东，在石门（今山西运城西南）和魏军大战，斩首六万。

魏惠王八年（前362年），魏国同韩赵两国发生大战，秦国趁机向魏国进攻，

慕田峪长城位于北京怀柔境内

在少梁大败魏军。此役，秦国攻取繁庞城，迫使魏国迁都大梁。

秦国屡战屡胜，严重地危及魏国西部的安全。为了巩固河西之地，魏国派大将龙贾沿洛水修了一道长城，即魏国河西长城。这道长城由洛水（北洛水）的堤防扩建而成，南起于郑（今陕西省华县），越渭水，经今大荔、洛川等县，沿洛水东岸北上。由于其位置偏于魏国西部，因此也被称为"魏国西长城"。

后来，为加强国都大梁的防务，魏国又在大梁以西、黄河以南筑了一道南长城，又称"中原长城"。这条长城从卷（今河南原

赵长城遗址

赵长城遗址

阳西）开始，经阳武（今原阳县东南）一直到密（今河南密县东北）。由于这条长城位于魏国南部，故称"魏国南长城"。

魏国修筑长城的战略意图是为了抵挡秦国东进，保家卫国。

（四）赵国长城

赵国开国君主赵烈侯是晋大夫赵衰的后代。

战国初年，赵烈侯和魏、韩一起瓜分了晋国。周威烈王二十三年（前403年），赵烈侯被周威烈王承认为诸侯，建都晋阳（今山西省太原东南）。周安王十六年（前386年），赵国迁都邯郸（今河北）。

赵国疆域占有今山西中部、陕西东北角、河北西南部。这时，赵国北方的匈奴东胡族已由互不统属的氏族部落逐渐聚集，形成较大的部落联盟，其势力控制了赵、秦、燕三国的北部边境。周赧王十三年（前302年），赵武灵王发愤图强，勇于变革，改穿胡服，学习骑射，极大地加强了国防力量。赵国先是攻灭了中山国，后来又打败了林胡、楼烦，占有今河北北部、山西北部和河套广大地区。

赵国长城有三道：赵肃侯所筑南北长城两道和赵武灵王所筑赵国北长城一道，两道赵国北长城均用于防御东胡。因为赵武灵王驱胡扩地，势力北进至内蒙古大青山一带，

今天的赵长城早已不见当年的样子

战国长城

箭扣长城俯瞰

所以赵肃侯时所筑的北长城后来已属赵国内地了。

赵武灵王所筑北长城，筑于赵武灵王二十六年和二十七年之间，即前299年—前300年。

近些年来，考古工作者在内蒙古大青山、乌拉山、狼山之间发现了赵武灵王所筑北长城遗址。赵国北长城大体上有前后两条：前条在今内蒙古乌加河以北，沿今狼山一带修筑；后条从今内蒙古乌拉特旗而东，经包头市北，沿乌拉山向东，经呼和浩特北、卓资和集宁市南，抵达今河北省张北县南。赵国北长城系用土石筑成，现高一米至两米不等。

赵国南长城主要用于防御魏国。魏国都城大梁距赵国都城邯郸仅数百里，而漳水西岸的魏国重镇邺城距邯郸不足百里，这对赵国威胁极大。周显王十六年（前353年），魏惠王曾攻占赵国都城邯郸，强占达三年之久。赵肃侯即位后，为防御魏国，依漳河、

天下第一关—山海关

战国长城

滏阳河天险修筑了长城,此长城是由漳河、滏阳河的堤防连接扩建而成的,自今河北武安西南起,沿漳水经今磁县到今肥乡县南。

（五）燕国长城

燕国是公元前 11 世纪周武王分封的诸侯国之一。燕国在今河北省北部和辽宁省西部,建都于蓟(今北京城西南),又以武阳(今河北省易县南)为下都。

周慎靓王五年(前 316 年),燕王哙把王位让给相国子之,太子平和将军市被因而起兵。这时,齐宣王乘机攻占燕国,燕王哙和相国子之死于战乱。从此,燕齐两国结下深仇。

燕昭王二十七年(前 208 年),燕昭王为了复仇,任命乐毅为大将,联合各诸侯国攻破齐国,占领齐国七十余城。

燕昭王去世后,燕国又为齐国所败,所占之地全部丧失。

燕齐两国长期发生战争,为了防御齐国,燕国修筑了南长城。

这时,秦国已逐渐强大,东进图霸,威胁燕境。因此,燕国南长城也用于防御秦军的进攻。

燕国长城遗址

历代长城

依山势起伏而建的燕国长城

　　燕国南长城由易水的堤防扩建而成，也称"易水长城"。

　　燕国南长城从今河北易县西南筑起，经汾门（今河北徐水西北），沿南易水和滱水（今大清河）向东南，经徐水、雄县至大城县西南。

　　燕国为了抵御北方民族入侵，还修了一道北长城。这是战国时期修的最后一道长城。近些年来，考古工作者在内蒙古多伦、赤峰及河北省围场县等地发现不少燕国北长城遗址。

　　清乾隆十七年（1752 年），乾隆皇帝巡幸木兰围场时，发现了一段东西长四百余里的长城，即燕国北长城。

　　燕国北长城后来曾被秦始皇修长城时所

慕田峪长城的大面积植被是任
何长城段都不可比拟的

用。

（六）中山国长城

中山国虽非诸侯大国，但在战国时期
也筑有长城。《史记·赵世家》说："成侯
六年（前 369 年），中山筑长城。"

（七）秦国长城

秦国嬴姓，相传是伯益的后代。传到
秦仲时，被周宣王封为大夫。周平王元年(前
770 年)，秦襄公因护送周平王东迁有功，
被周平王封为诸侯。

秦国在春秋时期建都于雍（今陕西凤
翔东南），占有今陕西中部和甘肃东南部。

秦穆公时，秦军攻灭十二国，称霸西戎。

后来，秦国因经济落后，又常常发生

金山岭蓝天白云景观

内乱，国势日趋衰弱，不断遭到外部打击。对秦国威胁最大的是东方的晋国和后来的魏、韩两国，尤以魏国为最。

战国时期，秦国曾筑两道长城：一为秦厉共公至秦简公时期所筑，魏军攻占河西后，秦国沿洛水西岸筑长城以自保；一为秦昭王攻灭义渠戎后所筑，目的在于用长城抵挡前来复仇的义渠戎后人。

秦国于洛水所筑长城早于魏国在洛水所筑的长城近百年，当时秦国尚弱，为了抵御魏军，不得不筑长城。

义渠戎在秦孝公以前时叛时降。到秦惠文王时，义渠戎的势力有所增强，曾于秦惠文王三年（前335年）大败秦军。周慎靓王三年（前318年），六国联合伐秦，义渠戎又趁机向秦国进攻，并取得胜利。

秦惠文王十一年（前314年），秦军进攻义渠戎，因力量有限，只攻占数城便收兵了。

义渠戎成了秦国的边患，秦国一直耿耿于怀。

周赧王四十三年（前272年），秦宣太后诱杀义渠王于甘泉宫。接着，秦昭王起兵灭了义渠戎，在其地设置陇西、北地、上郡，并筑了一道长城巩固边防。

这道长城起于今甘肃省临洮县，向东

万里长城

历代长城

南至渭源，然后转向东北，经通渭、静宁等县抵达宁夏固原县；由固原县折为东北方向，经甘肃省环县和陕西省横山、榆林、神木诸县，直抵黄河西岸。

秦昭王所筑长城，后来基本上为秦始皇修长城时所用。

自春秋中叶以来，中国北疆阴山山脉一带居住着薰育、猃狁、楼烦、林胡、东胡、匈奴等游牧民族。

每年夏季都有大批游人前来长城游览

战国时期，这些游牧民族经常活动于燕、赵、秦等国北部边疆地区，甚至深入到黄河北岸进行劫掠，给北方人民生产生活造成严重的灾难。这些游牧民族精于骑射，机动灵活，来去如风，中原各国的步兵和车兵无法抵御他们。因此，燕、赵、秦等国不得不筑长城来加强边防。

燕、赵、秦三国所筑的长城对于抵御北方游牧部族的侵略，维护内地人民生产、生活的安全，是有着极为重要的意义的。

长城是我国古代国防建设发展史上的重大创举。

秦始皇统一中国后，在燕、赵、秦原有的边地长城基础上修筑起绵延万里的秦代长城。这是"以墙制骑"的国防建设思想的具体实践，事实证明是行之有效的。

三　秦代长城

包头秦长城风光

秦始皇统一中国后，为了维护和巩固统一的封建帝国，陆续采取了一系列加强国防建设和边防守备的重大战略措施，如大规模地修建万里长城，在内地和边疆开筑驰道，建立全国性的粮食战略储备体系，派重兵屯戍边疆，徙民实边等等。

在秦始皇的努力下，不久便建立起空前强大的国防。

如前所述，春秋战国时期，由于战争频繁激烈，规模不断扩大，导致军事筑城技术迅速发展起来。各诸侯国为了防御邻国的突然袭击，常在边境上修筑一些关、塞、

秦始皇统一中原后，对长城加以修建和增筑

亭、障等守备设施，后来又进一步把这些关、塞、亭、障用城墙连接起来，或把大河堤防加以扩建，于是便出现了长城。

秦始皇统一中原后，一面下令全部拆毁了内地长城，一面出于抵抗匈奴、加强国防的需要，不仅没有拆毁边地长城，而且还在上述秦、赵、燕三国边地长城的基础上进一步大规模地加以修葺、连接和增筑，这就出现了闻名中外的万里长城。

秦代万里长城的修建，分为前后两个阶段，长达 12 年之久。

第一阶段自秦始皇二十六年至三十二年

秦始皇长城修建前后历经 12 年

（前 221—前 215 年）。这时，秦军刚刚攻灭六国，国内正在进行一系列的改革，正在推行巩固统一的各项措施，因而对匈奴采取的是战略防御方针。

在这一阶段中，为了确保边境的安全和为下一步对匈奴实施战略反击做准备，秦始皇下令重点维修了原秦、赵、燕三国的边地长城，并新筑了若干部分，使其互相连接起来。蒙恬自秦始皇二十六年（前221年）攻灭齐国之后，即开始率兵屯边，防御匈奴，兼修长城。

由于第一阶段的重点是维修旧长城，新筑部分不多，工程量不大，主要是由蒙恬所率部队和沿边军民完成的，没有大规模地动员全国的人力、物力和财力。

第二阶段自秦始皇三十三年至三十七年（前214—前210年）。这时，国内形势已发生巨大变化，秦始皇巩固内部的工作已经完成，边地长城的修缮已基本结束，边防已经巩固，对匈奴作战的各项准备已经就绪，已由战略防御转入战略进攻，并取得了重大

长城、天安门和兵马俑被视为中国的象征

秦代长城

长城高墙是一道用以阻挡敌人骑兵的坚固长垣

的胜利。

秦始皇三十二年（前215年），蒙恬大败匈奴军，一举收复黄河以南的大片领土；次年又渡过黄河，攻占高阙，控制了阴山一带，从而使秦代的边境向北推进很远。为了巩固新占领的地区，秦始皇下令对长城开始第二阶段的修建。这次，投入筑长城的部队约50万人，民夫约50万人，总人力不下100万。

秦代长城西起甘肃省岷县，循洮河向北至临洮县，由临洮县经定西县南境向东北至宁夏固原县，由固原向东北方向经甘肃省环县，陕西省靖边、横山、榆林、神木，然后折向北方，至内蒙古自治区境内托克托南，抵达黄河南岸。

秦代长城不是一道单纯孤立的高墙，而是以高墙为主体，同大量的城、障、亭、燧相结合的防御体系。

高墙是一道坚固而连绵不断的长垣，用以阻挡敌人骑兵，一般修在险峻的山脊上或河谷之侧，只有草原、荒漠之处才平地筑墙。长城最下一层为生土，高约1.5米；生土之上为压实的黄土，厚约3米，进深约10米；黄土之上筑有夯土的城墙，墙高约2米，宽

秦长城是大量城、障、亭、燧相结合的防御体系

秦代长城

约 3.5 米，夯土层厚 6—10 厘米不等。长城断面呈梯形，高约 2.5 米，上宽约 2 米，基宽约 3.6 米，夯土为黄色黏土并夹有碎石。从侧面远望，长城立于山梁之上，犹如长龙起伏，雄姿勃勃。

与长城高墙相结合的是大量的城和障。

所谓"城"，本指用作防御的城垣，里面的称城，外面的称郭。而这里与长城紧密相连的城是指在长城沿线所修筑的军事要塞，主要用于驻军，也用于住民，以利军民结合，共守边防，开发边疆。如秦始皇三十三年（前 214 年）命蒙恬在黄河

早期各个时代的长城大多已残毁不全

历代长城

之滨的长城上设置44个县，就是在沿黄河筑长城的同时，在各要害处筑城，以加强对重点地段的控制和防御。又如在今河北围场境内的秦汉长城遗址旁边，发现许多与长城紧密相连的小城，城的面积不大，城与城之间相距数十里不等，也有的小城建在长城内外的纵深方向。这些城都是用来加强重点地段的防御的。

所谓"障"是指长城险要处用作防御的小城堡，与城的区别在于大小不一和作用不同：城比障大，既驻军又住民；障比城小，只住官兵，不住居民，用来加强险要之处的扼守。

现在所称长城长度，一般指的是明长城的长度

秦代长城

城和障都是长城的重要组成部分，有了这两项设施，长城的防御作用才能得到充分的发挥。

与长城配套的辅助设施还有大量的亭、燧。

亭是古代边境上监视敌情的岗亭，有守望、战斗、通信等作用，往往与障、燧相结合，因此亭障、亭燧常常并称。

燧是古代报警的烽烟。长城上的燧是一座座高台，上面有士兵瞭望，下面有士兵守卫，如果发现敌情时，白日燃烟，夜间点火，因而也称"烽火台"或"狼烟台"。燧是长城的重要配套设施，为长城上不可缺少的组成部分。

亭和燧都设在高处，根据地形条件，相距十里左右一个。有些亭、燧分置长城两侧，以利各段之间互相联络；有些在长城之外向远处延伸，以利提早报警；有些通往首都方向，以利军情尽快上达；还有些通往附近的驻军大营和郡县，以利迅速采取应敌行动。

秦始皇大修万里长城，并不是因为国力虚弱，也不是因为秦军怯战，而是由于古代中原农业经济的特殊性所致。

农业生产需要安定的环境，要耕耘、要

与长城配套的辅助设施还有大量的亭、燧

长城对边境地区的开发建设作出了巨大贡献

收获，而游牧民族则逐水草而居，飘忽无定，富有侵扰性和掠夺性。中原大军一旦出击，匈奴骑兵就远遁他方；中原大军一撤，匈奴骑兵扰掠如故。秦始皇军事力量强大，能够东灭六国，南平百越，当然可以一举击败匈奴。但是，击败匈奴却不能征服匈奴和占有匈奴，无法改变其生活条件、环境和侵略习性，也无法根除其出没无常的劫掠之患。正是从一劳永逸的百年大计出发，为让百姓能在和平环境中耕种安居，秦始皇才决定大修万里长城，确保边防的巩固和国家的安全。

万里长城不仅保护了中原地区的经济文化免遭匈奴的破坏，而且对边境地区的开发建设也作出了巨大的贡献。

秦代在长城沿线设置陇西、北地、上郡、九原、云中、雁门、代郡、上谷、渔阳、右北平、辽西、辽东等 12 郡，有些郡的辖境远出长城之外。这些地区在长城的庇护之下，人民得以安居乐业，土地得到开发，农业生产得到发展。特别是黄河沿岸，经秦始皇大批移民和设置 44 个县之后，很快成为新的经济繁荣地区。

万里长城为许多封建王朝的统治者所继承，经过两千多年的不断修缮和扩建，越来越宏伟壮观，成为我国军事史上的奇迹，是中华民族的骄傲。

四　汉代长城

秦王朝覆灭后，刘邦、项羽之间发生了楚汉战争。最后，项羽于垓下自刎，刘邦重新统一了中国。

在这一时期，我国北方的匈奴族在冒顿单于的领导下，以武力统一了我国北部的蒙古高原，建立起一个东到辽河、西逾葱岭、南依阴山、北临贝加尔湖的强大奴隶制军事政权，常常南下侵扰，奸淫掳掠。

刘邦称帝的第二年（前201年），下令修缮了秦昭王时所筑的长城，对匈奴采取和亲政策，实施战略防御。

汉朝经过汉文帝和汉景帝两代的休养生息，到汉武帝时，社会经济繁荣发展，国力也大大加强了。

汉武帝对掠夺成性的匈奴奴隶主早有

汉长城遗址

历代长城

戒备，并予以坚决的回击。

汉武帝元朔（前128—前123年）年间，匈奴不断入侵辽西、上谷、渔阳，杀人掠物。汉武帝闻报，命卫青、霍去病统兵大破匈奴。

为了有效地阻止匈奴的突然袭击，汉武帝认为除了以武力抗击之外，必须加强防御工事。于是，在收复了被匈奴侵占的土地之后，汉武帝下令把秦始皇时所修的长城加以修缮。

汉武帝不仅修缮秦代长城，而且还大力新筑长城。

汉武帝不仅修缮秦代长城，还大力新筑长城

汉武帝元狩二年（前121年），汉武帝令骠骑将军霍去病率军到陇西进击匈奴。历经二十年，终于打通了两千华里的河西走廊，设置了武威、酒泉两郡，开辟了"丝绸之路"。

为了保障这条交通大道畅通无阻，汉武帝下令建筑河西长城，并沿路筑起烽燧亭障。

汉代长城较秦长城有所发展，并修筑了外长城，总长度达两万里。汉代是中国历史上修筑长城最长的一个朝代。

河西长城有力地阻止了匈奴的进犯，对开发西域屯田，发展西域诸属国的农牧业生产，促进社会进步，特别是对打通与西方国家的交通，发展同欧亚各国的经济贸易、文

长城在古代经贸、文化交流方面起到了重大作用

化交流起了重大的作用。

两千年前，中国的丝织品通过这条"丝绸之路"，经康居、安息、叙利亚运抵地中海沿岸各国，在国际市场上享有很高的声誉。

这条"丝绸之路"从长安出发，长达两万多里，在汉王朝管辖地区就有一万里以上。

当时，西方国家的毛织品、葡萄、瓜果等也沿着这条"丝绸之路"输入中国，在中国安家落户。

中西方文化艺术通过这条大道也得到了交流。

河西长城保护了这一国际干道的安全，在历史上具有非凡的意义。

五、南北朝至元代的长城

从汉末开始北方长城已经失去了国防上的意义

从汉代末年开始，历经三国，直至西晋末年，在这一段历史时期内，由于北方匈奴、鲜卑等少数民族内迁，定居今河北、山西、陕西一带，北方长城已失去国防上的意义，没必要再修再建了。

西晋太康二年（281年），鲜卑侵掠北平（即汉时右北平，晋代去掉了"右"字）。晋武帝闻报，立即派遣唐彬主管幽州诸军事，对秦汉长城东段做了一次修缮，这是唯一的一次。

我国是一个多民族的国家，除汉族外，在中国历史上曾有许多少数民族王朝统治过中国。

西晋灭亡后，我国北方陷入大混战的局面，先后出现了五胡十六国。十六国的前凉、前燕、前秦等少数民族曾统治过中国的部分地区。

从南北朝开始，统治中国北部地区的先后有北魏、东魏、西魏、北齐、北周。

后来，辽、金、元、清等朝代统治中国时，其统治范围越来越大。尤其是其中的元代和清代，曾统治过全国广大地区。

这些少数民族的统治者在统治了以农业生产为主的发达地区后，为了防止其他少数民族的侵扰，不得不修筑长城。

从南北朝到元代这一时期的长城，大都是少数民族王朝修建的。其中，北魏、北齐和金代修的长城规模都很大。

西晋灭亡后，我国北方陷入各民族的大混战中，十六国相继割据称雄。这些由塞外入侵中原的各族所建立的政权多占有长城内外的大片领土，当然没有修筑长城的必要。

4世纪初，北魏政权建立后，逐步吞并了十六国中幸存的后燕、夏、北燕、北凉，于太武帝太延五年（439年）统一北方，开始与南朝的宋国形成南北对峙的局面。

4世纪末至5世纪初，柔然族在蒙古草

长城夏天景色

南北朝至元代的长城

原上兴起，成为同北魏王朝对立的强大势力。在北魏与南宋对峙的形势下，柔然族的兴起成为北魏的心腹之患。

北魏道武帝曾发兵进攻柔然，夺马千余匹，牛羊万余头，柔然首领率众远走漠北。

北魏天兴五年（402 年），柔然社仑自称可汗，控制了东至辽东半岛，西到新疆焉耆，以及大漠南北的广大地区。

北魏王朝的主要敌国是南朝的宋国。为了解除后顾之忧，免于两面作战，实现南下的战略意图，北魏决定修筑长城以防柔然。

泰常八年（423 年）二月，北魏筑长

八达岭长城夏景

历代长城

城于长川之南，起自今河北省的赤城，西至内蒙古自治区五原县境，延袤两千余里。这条长城限制了柔然的南进，也切断了柔然地区同中原的经济往来。这条长城大体上与秦汉长城一致，是依秦汉长城而加以修缮的。5世纪中叶，柔然征服了突厥，势力又逐渐强盛起来。

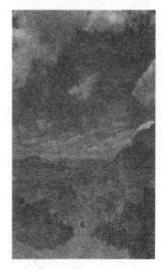

长城台阶依山势而修，十分险峻

北魏为了解除柔然的威胁，开始致力于巩固北部的边防。太武帝太平真君七年（446年）六月，征发司、幽、定、冀四州十万人筑畿上长城，用以护卫京都。这道长城起于今北京市居庸关，向南经山西省灵丘等地，至山西省河曲县黄河之滨。当时，北魏建都平城（今山西大同东北），这是继泰常八年所筑长城之内建立的第二道防线。

北魏孝武帝永熙三年（534年），受大丞相高欢所逼，孝武帝逃往关中。高欢另立元善见为帝，迁都邺城（今河北省临漳县西南），北魏从此分裂为东魏和西魏。

据《资治通鉴》所载：东魏武定元年（543年），东魏丞相高欢下令修筑长城，以防西魏与柔然联兵进攻。这段东魏长城起于今山西省静乐县，止于山西省代县崞阳镇，其地均在恒山山脉中，两地相距一百五十余里。

东魏武定八年（550 年），高欢之子高洋取代东魏称帝，建立齐国，史称北齐，建都于邺城，据有今洛阳以东晋、冀、鲁、豫四省及内蒙古的一部分。

北齐共六帝，历时仅二十八年。在这短短的历史时期里，北齐十分重视修筑长城。北齐北部长城主要用于防御突厥、契丹等外族入侵，西部长城则主要用于防御取代西魏的北周政权。

北部长城主要由文宣帝高洋所筑。天保三年（552 年）至天保八年（557 年），较大规模的修筑长城竟有五次。

高洋建立北齐后，与之隔河对峙的西

防御突厥曾是长城的主要目的

历代长城

长满荒草的长城曾为维护中原的统治稳定作出过重大的贡献

魏国势正盛，因此在西部边界上修了黄栌岭至社平戍的长城。黄栌岭在南朔州，治所在西河郡（今山西汾阳）西北六十里；社平戍在朔州，治所在广安郡（今山西朔县）西南，属汾水上源。这条位于河东地区呈南北走向的长城长达四百里，主要是用来防御西魏的。

北齐初建国时，北方的突厥势力逐渐壮大。突厥在打败柔然后，其首领木杆可汗于553年建立突厥汗国，经常侵扰北齐边境。为了防御突厥，天保六年（555年）降诏征发民夫一百八十万人修筑长城。这道长城自幽州北夏口西至恒州，长达九百余里。

北齐时幽州治所在燕郡（今北京）；夏

雄关万里

口即居庸关下口，在今北京市昌平区居庸关上；恒州原系北魏都城平城，迁都洛阳后改称恒州，治所在今山西大同。这一长城系利用北魏太平真君七年所筑畿上长城东段加以修缮而成的。

天保七年（556年），北齐又修了东西三千余里的长城，自西河总秦戍筑起，东至大海。这道长城每隔六十里设一戍所，于要害处设置州镇，总计二十五处。

西河即南朔州的西河郡，在今山西汾阳；"总秦戍"是鲜卑语军戍名称，在今山西大同西北境。这里所说自西河总秦戍起东至大海的长城，是在天保三年所筑黄栌岭至社平戍长城及天保六年所筑恒州至夏口长城的基础上，加以连缀与增补而成的。这条长城从今山西汾阳西北起，北上经朔县至大同北，折而东行，经天镇附近进入河北省境，至赤城向东直达渤海之滨。其中由总秦戍至河北东燕州昌平郡下口的一段系利用北魏太平真君七年所筑长城，其东西两段是北齐新建的。

北齐时，还在长城之内另修了一道长城，叫做"重城"，是分三个阶段完成的：

（一）库洛拔至坞纥戍长城

兴建于天保八年（557 年），是一条在今山西境内偏关东经朔县南、代县北、雁门及平型关而达灵丘以南冀晋交界处的长约四百里的长城，是为了进一步加强对北方突厥的防御而兴建的。

（二）勋掌城

建于河清二年（563 年）四月，勋掌城建于轵关的西面，邻近北周的领土，呈南北走向，为防御北周而建。轵关又名轵关陉，为太行八陉中的第一陉，在今河南济源西北，地当太行山隘口进入河北的要冲，在北齐怀州河内郡（今河南沁阳）之西。

在冷兵器时代，长城作为防御体系卓有成效

南北朝至元代的长城

长城雪景
慕田略正关台

（三）库堆戌至海长城

兴建于河清三年（564年），起点系利用东魏武定元年所筑"西自马陵戌东至土磴"的长城加以修茸，东至代县北雁门关附近与天保八年所筑重城会合，至坞纥戌以东进入今河北境内后，则斩山筑城，断谷起障，增筑新城至居庸关，并东出怀柔北与外城会合，再向东沿旧城而达勃海北岸山海关，长二千余里，沿途置戌所五十余。其间坞纥戌至居庸关一段系新筑，其余均为利用原有长城重新修茸。

北齐先后三次修筑重城，天保八年所筑为山西偏关至灵丘段，长四百余里；河

司马台长城烽火台

清二年所筑为轵关西邻近北周段，长二百里；
河清三年所筑为灵丘至居庸关东北与外城会
合处，由于工程不够完固，天统四年（568
年）、武平六年（575年）、隆化元年（576
年）和承光元年（577年）都曾进行修缮。

577年，北周攻灭北齐。

北周统一北方后，为防突厥犯边，也曾
修缮长城，是对北齐天保七年起于西河总秦

成的长城的重新修缮。

北周静帝大定元年（581年），杨坚取代北周称帝，建立隋朝。

隋文帝开皇三年（583年），迁都大兴（今陕西省西安）。九年，隋文帝发兵灭掉江南的陈国，实现了南北统一，结束了东晋以来二百余年的分裂局面。

隋朝疆域广阔，东到大海，西到今新疆东部，西南至云南、广西和越南北部，北到大漠，东北至辽东。

隋文帝实行了一系列有助于国家统一和促进社会经济恢复和发展的政策，国力增长十分迅速。

长城已成为中国历史文化的一枚名片

历代长城

长城雪景

当初，隋朝刚刚建立时，北方的突厥汗国在沙钵略可汗统治下，势力强盛起来；东北部的契丹也兴起了。这两个少数民族经常扰掠隋朝边郡。隋文帝为了解除北方的后顾之忧，以便集中力量南下灭陈，完成南北统一大业，便于建国的第一年两次在北方修筑长城。

开皇三年（583年），突厥发生内乱，分裂为东西两部，互相攻杀。隋朝支持东突厥，封其头目为启民可汗，允其迁居白道川（今内蒙古呼和浩特西北）。在隋朝强盛时期，边境是安定的。因此，隋朝修筑长城的规模较小，多是在前朝长城基础上做些修缮。

毛乌苏沙漠

据史籍所载，隋文帝在位期间，修筑长城前后共有五次。

隋文帝仁寿四年（604年），隋文帝被太子杨广杀死。杨广即位，是为隋炀帝。隋炀帝即位之后，决定迁都洛阳，每月投入役丁二百余万人营建洛阳都城。同时，隋炀帝又征发十万余人掘修了一道两千余华里的长堑。这道保卫洛阳的长堑自今山西省河津县龙门黄河之滨起，东经山西高平和河南汲县、新乡；渡黄河后，由开封、襄城而达陕西商县。

除此以外，隋炀帝还两次大规模地修筑长城。

第一次是大业三年（607年）七月，征发民夫百余万筑长城，西起榆林，东至紫河。隋代榆林郡在今内蒙古托克托黄河南岸，紫河即今内蒙古和林格尔县南的浑河。这道长城从今托克托起东行，至和林格尔东南浑河东岸的杀虎口止，是用于防御突厥的。

第二次是大业四年（608年）秋七月，征发民夫二十余万筑长城，自榆谷而东。隋代榆谷在西宁卫（今青海西宁）的西面。当时，在青海一带的吐谷浑建都于伏俟城（在"青海湖"西岸十五里处），控制西域鄯善、且末等地。大业四年（608年），吐谷浑伏允可汗入侵隋西平郡(治湟水，今青海乐都)，隋炀帝出兵两路迎击，伏允败逃。上述自榆谷起所筑长城，就是为了防御吐谷浑入侵的。

纵观隋代从581年到608年的短短二十八年间，修筑长城先后达七次之多。

隋代对长城的修筑虽然次数很多，有时征发的劳力数量也很大，甚至超过百万之众，但大多是就原有长城加以修缮，没有大量增筑，较秦汉时期长城的工程规模差远了。

据1998年11月17日《华声报》报导，考古学家在中国第三大沙漠——毛乌素沙漠的边缘发现了一段距今1400多年的隋代古

雄伟的古长城城楼

南北朝至元代的长城

长城。

这段长城位于宁夏回族自治区的盐池县，距首都北京700公里左右。这段长城墙体残高在1米—2.8米之间，残宽在5米—13米之间，墙体外有5米—9米宽、0.6米—1.5米深的浅沟。

这段中国仅存的隋代长城基本与600年前建造的一段178公里长的明代长城平行。中国各朝代建筑的长城总长度大约有6000公里，其中350多公里长的隋代长城东起陕西绥德，西至宁夏灵武，但大部分被明代长城叠压利用，露出地面的仅此一段而已。

古长城风韵犹存

历代长城

长城对巩固隋朝北部及西北边防，抵御突厥和吐谷浑袭扰，保证人民生命财产安全起了很大的作用。

大坝上冲泻下来的流水与长城构成一幅美丽图画

唐太宗李世民即位后，调整了统治政策，采取了轻徭薄赋、团结各族人民、大力发展生产等一系列措施，使国家出现了前所未有

南北朝至元代的长城

的升平景象，史称"贞观之治"。

当时，唐王朝立国不久，尚处在外夷包围之中：北有东突厥，西北有高昌、西突厥，西有吐谷浑、吐蕃，东北有契丹、奚、高丽等。唐太宗本着"不战而屈人之兵者，上也；百战百胜者，中也；深沟高垒者，下也"的原则，拒绝了群臣提出的在大漠边缘修筑一道长城的请求。他不肯用长城将华夷隔绝开来，而是广泛地团结周边少数民族。为实现这一目标，唐太宗采取了茶马互市、联姻和亲、结盟纳降等一系列措施，取得了巨大的成功。唐太宗在安边问题上突破了传统思路，积极进取，大

金山岭长城风光

长城是由城、堡发展而来的

北京怀柔长城，因年代久远多少有些破损

南北朝至元代的长城

位于北京怀柔境内的慕田峪长城

胆创新，不修长城，胜修长城，表现了一代"天可汗"海纳百川的博大胸怀。

唐玄宗在位期间，北方契丹崛起，边患频仍，不得已派幽州节度使张说负责修建了一段长城。

这段长城修建于唐玄宗开元六年至八年（718—720年），是唐朝修建的唯一一段长城，目的是为了抵御外族入侵。这段长城最高高度有6米，底宽4—5米，顶宽2—3米，每隔1公里左右修建一座烽火台，烽火台地基为10米见方。这条长城西起宣化、崇礼、赤城三县交界处的大尖山，东到万泉寺乡的古字房止，全长70多公里，横贯整个赤城县中南部，是张家口地区建在平川上的长城。

为了防御唐朝进攻，高丽自荣留王十四年（唐贞观五年）到宝藏王五年（唐贞观二十年），用16年的时间修了一道东北西南走向的千里长城。明代长城辽河流域一段就是在高丽长城的一段旧基上修建的。

在黑龙江省牡丹江市，有三段距今1200年的边墙遗址。这是我国东北地区最东部的防御性长城遗址，被文物工作者称

河北金山岭长城形式多样，各具特色

为"渤海国长城"。这是渤海国为防御北方黑水靺鞨入侵而修筑的，是与我国秦代长城具有同样性质的军事防御工程。这道长城全长约 100 公里，高达 4 米。"渤海国长城"已经被列入世界文化遗产名录，是黑龙江省第一个列入世界文化遗产名录的文物遗址。

唐朝灭亡后，中国历史进入五代时期，先后出现了后梁、后唐、后晋、后汉、后周五个朝代，因而史称"五代"。

五代时，后晋高祖石敬瑭为了在契丹的兵力支援下称帝，竟将长城一带的燕云十六州割让给契丹。从此，长城落入契丹版图。

后来，宋朝虽然统一了中原，但始终未能收复燕云十六州。宋太宗为此愤愤不平，为了收复燕云十六州，曾御驾亲征，结果被契丹铁骑围攻，侥幸捡一条命，大败而归。

宋朝统治范围在原来秦、汉和北朝所筑长城的南面，原来的长城已在辽、金境内。

宋太宗太平兴国四年（979年），曾命潘美等人在雁门一带修筑了一些城堡，用以警备辽军南下。

由于北边失去了万里长城这一国防上的重要屏障，成为北宋外患严重的重要原因之一。

基于同样原因，北宋完全暴露在强大的金国面前，以至于靖康年间，金国铁骑长驱直入，如入无人之境，轻易地灭了北宋。

至于契丹族，本来就是北方的游牧民族，地跨长城内外，长城对他们毫无用处，当然不会去修筑它。

宋徽宗政和五年（1115年），我国东北女真族建立了金王朝。金王朝在灭掉了辽国和北宋后，统一了整个北中国。

12世纪末至13世纪初，蒙古族在成吉

金山岭长城仍保持着400年前的原貌

南北朝至元代的长城

金山岭长城军事设施完备，构筑坚实

思汗的领导下勃兴于大漠南北。金章宗泰和六年（1206年），成吉思汗建立了蒙古汗国。

蒙古汗国的势力越来越强大，而金政权的统治力量却内外交困，日益衰弱，对强大的蒙古汗国不得不采取消极的防御措施——修筑长城。

金王朝西北与蒙古接壤，为了防御蒙古入侵，曾大规模地修筑长城，规模之大超过了秦汉以后的各代长城。

金代长城有两道，一道是明昌旧城，一道是明昌新城。

明昌旧城过去被称为"兀术长城"或"金源边堡"，位置在今黑龙江省兴安岭西北黑龙江沿岸，长达一千里，是八百年前金王朝为防御蒙古入侵而修的。

明昌新城也为防御蒙古而修，在明昌旧城之内，又称"金内长城""金濠堑""边堡"等。这道长城西起静州（今黄河河套陕西部分），东达混同江畔（今黑龙江省松花江），经陕西、山西、河北、内蒙古、辽宁、黑龙江等省市，长达三千多里。

元代版图横跨欧亚大陆，统治长城内外。长城对元代统治者来说意义不大，当然不会去筑长城。

但是，元代统治者为了防止汉族和其他各族人民的反抗斗争，检查过往客商，曾对长城上的许多关隘加以修缮，并设兵把守。

六 明代长城

明代长城是明朝在其北部地区修筑的军事防御工程，也称"边墙"。

明代长城东起鸭绿江，西达嘉峪关，横贯今辽宁、河北、天津、北京、内蒙古、山西、陕西、宁夏、甘肃等九省、市、自治区，全长6300多公里，俗称"万里长城"。

朱元璋建立明朝后，退到漠北草原的蒙古贵族鞑靼、瓦剌诸部仍然不断南下骚扰抢掠；明代中叶以后，女真族兴起于东北地区，也不断举兵南下，威胁明朝边境的安全。

为了巩固北方的边防，在明朝二百多年统治中，几乎没有停止过修筑长城。

明太祖洪武五年（1372年），出动大

明代长城是明朝在北部地区修筑的军事防御工程

历代长城

军 15 万，兵分三路进击漠北，西路打通了河西走廊，设置甘州诸卫。

洪武二十年（1387 年），大将军冯胜、蓝玉经略东北，将边界推进到大兴安岭以西。

明成祖朱棣即位后，永乐八年至永乐二十二年（1410—1424 年）的十五年间，先后五次发兵深入漠北，迫使瓦剌和鞑靼分别接受了明王朝的册封。

至此，明王朝的北部边防线推进到大兴安岭、阴山、贺兰山以西以北一带。

为了保卫北部边疆，明廷开始大修长城。

明代前期的长城工程主要是在北魏、北齐、隋长城的基础上高其墙，深其壕，修其烽堠。各处烟墩均增高加厚，上贮五月粮秣，柴薪药弩齐备，墩旁开井，局部地段将土垣改成石墙，修缮重点放在北京西北至山西大同的长城和山海关至居庸关的沿边关隘。

"土木之变"发生后，瓦剌、鞑靼不断犯边掳掠，迫使明王朝把修筑北方长城视为当务之急。

明英宗正统十三年至明世宗嘉靖四十五年（1448—1566 年）的一百多年间，明廷对长城进行了大规模的兴筑。

明朝为了有效地对长城全线进行管理和

在明朝 200 多年的统治中，几乎没有停止过修建长城

明代长城亦称"边墙"

修筑，将东起鸭绿江、西至嘉峪关的长城全线划分为九个防区，派总兵官统辖，也称镇守。九个防区称"九边"或"九镇"，其总兵驻地和所辖长城地段如下：

其一，辽东镇。

辽东镇总兵官初治广宁卫（今辽宁北镇），明穆宗隆庆（1567—1572年）以后，冬季移驻东宁卫（今辽宁辽阳）。

辽东镇管辖的长城东起今丹东市宽甸县虎山南麓鸭绿江边，西至山海关北吾名口，全长975公里，由宽甸堡、海盖、开原、锦义、宁远五名参将分段防守。

辽东镇长城大都没有包砖，现存遗迹

较少。

其二，蓟镇。

蓟镇总兵官治三屯营（今河北迁西三屯营镇）。

蓟镇管辖的长城东起山海关老龙头，西至榆关（今河北邢台市西北太行山岭），全长1500多公里。蓟镇长城分为蓟州镇、昌镇、真保镇三个管辖段。1.蓟州镇又由三路副总兵分管：东路自山海关至建昌营冷口，中路自冷口至马兰峪，西路自马兰峪至石塘路慕田峪。2.昌镇管界东自慕田峪，连石塘路蓟州界，西抵居庸关边城，接紫荆关真保镇界，由参将三人分三路镇守，三路为黄花镇、居

古烽火台遗址

烽火台在长城防御体系中占有重要地位

如今，长城更需要我们保护

庸关、横岭口。3.真保镇管界自紫荆关沿河口，连昌镇界，西抵故关鹿路口，接山西平定州界。真保镇管辖段分别由紫荆关、倒马关、龙泉关、故关四参将分守。

蓟镇长城是现存万里长城遗迹中保存最完整的一段。

其三，宣府镇。

宣府镇总兵官治宣府卫(今河北宣化)。

宣府镇管辖的长城东起慕田峪渤海所和四海冶所分界处，西达西阳河（今河北怀安县境）与大同镇接界处，全长558公里。本镇地当京师西北门户，形势重要，边墙坚固，有内、外九重。总镇之下分六路防守。

历代长城

1. 东路。东起四海冶连昌镇黄花镇界，北至靖安堡，城垣长 66.5 公里。2. 下北路。北起牧马堡东际大边，西抵样田，南至长安岭，城垣长 106.5 公里。3. 上北路。东起镇安堡，北至大边，西抵金家庄，城垣长 130.5 公里。4. 中路。东起赤城，西抵张家口堡，城垣长 89.5 公里。5. 上西路。东起羊房堡，西至洗马林，城垣长 107 公里。6. 下西路。东起新河口，西至西阳河大同镇平远堡界，城垣长 58 公里。

宣府镇长城遗迹东段砖石垒砌者多被拆毁，西段夯土墙保存尚属完好。

其四，大同镇。

居庸关形势险要，自古为兵家必争之地

大同镇总兵官治大同府(今山西大同)。

大同镇管辖的长城东起天成卫（今山西天镇南）平远堡界，西至丫角山（今内蒙古清水河县口子上村东山），与山西镇接界，全长335公里。自东至西分八路镇守：新平路、东路、北东路、北西路、中路、威远路、西路、井坪路。

大同镇长城遗址砖石已被拆毁，夯土城墙保存尚属完整。

其五，山西镇。

山西镇也称太原镇。总兵官初治偏头关（今山西偏关），后移宁武所（今山西宁武）。

山西镇管辖的长城西起河曲（今山西河曲旧县城）黄河东岸，经偏关、老营堡、宁武关、雁门关、平型关，东接太行山岭之蓟镇长城，全长近800公里。因其在宣、大二镇长城之内，故又称"内长城"，偏头关、宁武关、雁门关合称"外三关"，相对于蓟镇的"内三关"：居庸关、紫荆关、倒马关。山西镇长城倚山而筑，多为石墙，并置几重，由北楼口、东路代州左、太原左（指宁武关）、中路利民堡、西路偏头关左、河曲县六参将分守。

山西镇长城遗址经过修复，尚属连贯。

其六，延绥镇。

延绥镇总兵官初治绥德州（今陕西绥德），成化以后移治榆林卫（今陕西榆林），因此也称榆林镇。

延绥镇管辖的长城东起黄甫川堡（今陕西府谷县黄甫乡），西至花马池（今宁夏盐池），全长885公里，在大边长城南侧另有"二边"，东起黄河西岸（今陕西府谷墙头乡），曲折迂回，西至宁边营（今陕西定边），与大同边墙相接，分别由东、中、西、孤山堡、清平堡、榆林保宁堡六路参将分守。

榆林镇长城遗址多被积沙掩埋，局部地

长城为维护封建统治发挥了重要作用

明代长城

山海关城墙一角

长城一角

历代长城

段被推平做了公路，仅夯土墩至今尚存。

其七，宁夏镇。

宁夏镇总兵官治宁夏卫（今宁夏银川）。

宁夏镇管辖的长城东起花马池（今宁夏盐池）与延绥镇长城接界处，西端止于宁夏中卫喜鹊沟黄河北岸（今宁夏中卫县西南），全长830公里，分五路防守：1. 东路。自花马池营城东界，西至毛卜剌堡西境（今宁夏灵武东北宝塔乡）。2. 中路。东南自清水营城（今宁夏灵武县磁窑堡乡清水营村）东境与东路接界起，西北至横成堡黄河东岸。3. 北路。南自横城堡北境，西达镇北堡南界（今宁夏贺兰县西南），北路长城跨黄河向北绕

了一个大弧形。4.南路。自平羌堡北境（今
银川市平吉堡村），向南至大坝堡（今青
铜峡市广武乡），西止于中卫西南喜鹊沟。

宁夏镇长城遗址绝大部分埋于流沙之
中，仅贺兰山段石砌城垣有断续残存，并
保存一段因断层地震活动而造成的错位现
象。

其八，固原镇。

固原镇总兵官治固原州(今宁夏固原)，
因总督陕西三边军务开府固原，所以也称
陕西镇。

固原镇管辖的长城旧为东起延绥镇饶
阳水堡西界，西达兰州、临洮，绵延千余里。

如今八达岭长城已成为著名的旅
游景点

历代长城

明后期改线重建，全镇长城划分四路分守：

1. 下马关路。东自延绥镇饶阳水堡（今陕西定边陈旧原乡辽阳村）西界起，西达西安州所绵沙湾口（今宁夏海原县西北棉山湾）。"梁家泉新边"东南起自今同心县徐冰水村东南大罗山，西北过红寺堡抵达今中宁县鸣沙镇黄河南岸，也属此路分守。2. 靖虏路。东起乾盐池堡东北绵沙湾口，西达平滩堡大狼沟墩（今甘肃靖远县西南平滩乡）。隆庆年间营建的"裴家川边墙"东自中卫西南黄河南岸，西至迭列逊堡南境（今靖远县水泉镇西空心楼村）。3. 兰州路。东起黄河东岸一条城堡（今甘肃榆中县青城镇），西抵高

如今长城已成为国内外旅行者的必游之地

明代长城

山西明长城部分已经破损风化

山堡南境（今永靖县境）。4. 河州路。北起河州卫（今甘肃临夏市南）黄河东岸，南达旧洮州堡（今甘肃临潭）。5. 芦塘路。东南起索桥，西北达红水堡西境与甘肃镇松山新边分界。

固原镇长城遗址除景泰县境"松山新边"保存较完整外，其余地段城墙坍塌严重，仅保存夯土墩台。

其九，甘肃镇。

甘肃镇总兵官治甘州卫(今甘肃张掖)。

甘肃镇管辖的长城东南起自今兰州黄河北岸，西北抵达嘉峪关南祁连山，全长800余公里，划分五路防守：1. 庄浪路。

东南起自沙井堡（今兰州市黄河北沙井驿）
与固原镇安宁堡分界处，西北至镇羌堡庄浪
河南岸（今甘肃天祝县金强驿）。2.凉州路。
东南起自安远站堡南境（今天祝县），达于
定羌墩堡古城（今甘肃永昌西北）。3.甘州路。
东自山丹石峡口堡接凉州路界，西止高台所
九坝堡西界。4.肃州路。东起镇夷所胭脂堡，
接九坝堡西界，西止嘉峪关南红泉墩（今甘
肃肃南裕固族自治县祁文乡卯来泉村西南）。
5.大靖路。东起阿坝岭堡双墩子，接固原镇
芦塘路西界，西至泗水堡同凉州路旧边相接。
这一段称"松山新边"。

　　甘肃镇长城遗址虽经风沙剥蚀堆埋，仍

蜿蜒的长城远望去雄美壮观

明代长城

九镇所辖长城总长超过万里，故称
"万里长城"

保持连贯的墙体，山丹境内还保存着一段
两条以十余米间距平行的墙体。

以上九镇所辖长城总长超过万里，故
称"万里长城"。

明长城由城墙、关、城堡、墙台和烟
墩等组成完整的军事防御工程体系。

城墙是明代长城工程的主体，墙体依
材料区分为砖墙、石墙、夯土墙、铲山墙、
山险墙、木栅墙、壕榨等类型，随地形平险、
取材难易而异。除蓟镇长城的墙身全部用
条石、青砖砌筑外，其余诸镇长城多采用
夯土墙，仅关城和敌楼表层要包砖。铲山
墙指将天然山体铲削成陡立的墙壁；山险

城墙是明代长城的主体

墙一般依托峻峭的山脊用砖石垒砌；木栅墙指树林中的木栅栏墙；壕榨指挖掘壕堑后于一侧培筑的土垣。

明代长城的城墙断面呈梯形，下大上小，至于城墙的高厚尺寸要随形势需要而有异。城墙顶面外设垛口，内砌女墙，两面皆作垛口者，如北京慕田峪长城，完全是因为军事控守地位的重要。

砖、石结构的长城以北京八达岭居庸关为例，用整齐的条石砌成墙身外侧，内部填充灰土碎石，平均高 7—8 米，基宽 6—7 米，顶宽 5—6 米。顶部用青砖砌成垛口、女墙，垛口高约 1.8 米，女墙高约 1.2 米。垛口开

关城是出入长城的通道，也是
长城防守的重点

有瞭望口和射孔。墙体顶面用方砖铺砌，
两侧设有排水沟和出水石咀。墙身内侧间
隔修砌券门暗道，以供守城士卒上下之用。

关城是出入长城的通道，也是长城防
守的重点。关城建有砖砌拱门，上筑城楼
和箭楼。一般关城都建两重或数重，其间
用砖石墙连接成封闭的城池，有的关城还
筑有瓮城、角楼、水关或翼城，城内建登
城马道，以备驻屯军及时登城守御。关城
与长城是一体的，是长城的重要组成部分。

城堡按等级分为卫城、守御或千户所
城和堡城，按防御体系和兵制要求配置在
长城内侧，间有设于长城墙外者。

卫城与所城之间相距约百余里，卫城周长6—9里，千户所城周长4—5公里，均为砖砌城墙，外设马面、角楼。其城门建有瓮城，有的城门外还筑有月城或正对瓮城门的翼城，以加强城门的控守。城内设有衙署、营房、民居和寺庙。卫城、所城与长城的距离或近或远，在长城所经之地选位置适中、地势平缓、便于屯垦的地方修建。

堡城可称边堡，间距10里左右，城周1—3里，砖包城垣，开一两个城门，建有瓮城门。城内有驻军营房、校场、寺庙。边堡同长城的间距一般不超过10里，遇警时可迅速登城。

长城这一庞大的石造建筑已有1800年的历史

明代长城

长城古道
这座烽火台是目前古丝绸之路
北道上时代最早、保存最完好
的烽燧遗址

　　墙台设在长城之上，大约间隔300米
设有一座，突出墙外。台面与城墙顶部相平，
建有铺房，供守城士卒巡逻时躲避风雨之
用。墙台外沿砌有垛口，用于对攻城之敌
进行射击。

　　敌台也称敌楼，跨城墙而建，分二层
或三层，高出城墙数丈，开有拱门和箭窗，
内为空心，守城士卒可以居住，还可储存
炮火、弹药、弓矢之类的武器。顶面建有
楼橹，环以垛口，供瞭望之用。敌台要选
长城险要之处而设，周阔十二丈，可容
三四十名军士。空心跨墙敌台是戚继光担
任蓟镇总兵时创建的。

烟墩也称烽燧、烽堠、墩台、亭、烽火台等，是一种白天燃烟、夜间明火以传递军事情报的建筑物，多建于长城内外的高山之巅、易于瞭望的丘阜或道路转弯处。烟墩形式是一座孤立的夯土高台或砖石砌成的高台，台上有守望房屋和燃放烟火的柴草和报警的号炮、硫磺、硝石，台下有用围墙圈成的一个院落，院内有守军住房、羊马圈、仓房等。

烟墩的设置有四种：一是紧靠长城两侧，称"沿边墩台"；二是向长城以外延伸的，称"腹外接火墩"；三是向内地州府伸展联系的，称"腹里接火墩台"；四是沿交通线

丹东虎山长城

明代长城

临海古长城

排列的，称"加道墩台"。大约每隔10里左右设一墩台，恰好在人视力所及的范围之内。

今河北、山西省交界处的内长城，因山势险峭，依山为障而未筑墙，仅在山隘、谷口、河流折曲崖岸处建筑砖砌空心敌楼，依次编号为"某字某号台"，驻兵把守，兼有守御和传递信号之用。

长城出土文物中有一份明代印制的《兵守炮号令》，反映了有关边防报警、烟火信炮的制度："营寨墩堡发现敌情时，如有敌兵十名以下，则白天烧烟柴一堆，放炮一个，夜间举火一把，放炮一个；敌兵在20名以上，则烟柴、火把、火炮各二；敌兵在百骑之上，则烟柴、火把、火炮各三；若敌有千骑以上，则烟柴、火炮接连不断。"由此可见，历史上的长城和烽燧在军事防御上有着相当重要的地位。今天，这些古迹都成了宝贵的历史文化遗产。

河西长城有汉代长城和明代长城两道。汉代长城以壕沟代墙，明代长城则是筑墙为障。汉代称长城称为"塞"，明代长城称为"边墙"。

明代长城是中国历史上工期最长、工

历代长城

程最大、防御体系和结构最完善的长城，对明朝防御敌骑掠扰，保护国家安全、人民顺利生产、百姓生活安定、开发边远地区、保护中国与西北域外的交通联系都起过不小的作用。明代长城的系统设置充分体现了中国古代建筑工程的高度成就和古代劳动人民的聪明才智。

明代不仅在北方修筑了万里长城，还在湖南凤凰修筑了南方长城。

明朝时期，湘黔边境的苗族百姓被划为生苗和熟苗。

生苗不服从朝廷政府管辖，因不堪忍受政府的苛捐杂税与民族欺压，经常揭竿而起。

残破的古长城遗址

历代长城

　　为了镇压反抗，明廷拨四万两白银，在生苗与熟苗之间修筑了这道长城。

　　这道长城把湘西苗疆南北隔离开，以北为"化外之民"的"生界"，规定"苗不出境，汉不入峒"，禁止了苗、汉的贸易和文化交往。

　　凤凰南方长城始建于明嘉靖三十三年（1554 年），竣工于明天启三年（1622 年）。

　　凤凰南方长城南起于与铜仁交界的亭子关，北到吉首的喜鹊营，全长 382 里，被称为"苗疆万里墙"，是中国历史上工程浩大的古建筑之一。城墙高约三米，底宽两米，墙顶端宽一米，绕山跨水，大部分建在险峻的山脊上，由凤凰县西的亭子关，经阿拉营、拉毫关、镇竿城、得胜营、竿子坪长官司、

广武长城遗址

乾州元帅府，直到喜鹊营。

南方长城是一条由汛堡、碉楼、屯卡、哨台、炮台、关门、关厢组成的军事防御体系，以此孤立和征服苗族。

南方长城是沿山靠水，就地取材建筑而成的：如果有石头，就用石头来垒筑；如果没有石头，就用黄土夯制。尽管南方长城没有北方历代长城那么高大，但它并不缺少作为长城性质的军事防御工程所应该有的一切，它的军事建筑，如哨卡、堡垒、关口等等，比北方长城更为密集。

七 清代长城

康熙皇帝即位后，曾多次经过长城。他见长城多年失修，已经破败了。

对着这堵受历代帝王关心的长城，康熙皇帝想了很多。他的祖先是突破长城进入中原的，长城有什么用呢？堂堂一个朝廷，难道就靠这些砖块去保卫吗？但是，如果没有长城，大清的防线又在哪里呢？想着想着，康熙皇帝有了主意。

康熙三十年（1691 年）五月，古北口总兵官蔡元向朝廷提出，他所管辖的那一带长城倾塌处甚多，请行修筑，以固边防。康熙皇帝看罢奏本，根本不同意，没有准奏。他在上谕里说："秦始皇筑长城以来，

慕田峪箭扣长城

历代长城

汉代曾予增筑，后代亦常加修理，其时岂无边患？明末，我世祖皇帝亲统大军长驱直入，明军诸路瓦解，皆莫能当，可见守国之道唯在修德安民。民心悦则邦本得，而边境自固，所谓众志成城者是也。如古北口、喜峰口一带，朕皆曾巡阅，概多损坏，今欲修之，兴工劳役，岂能无害百姓？且长城延袤数千里，养兵几何方能分守？"

就这样，康熙皇帝决定不再修建长城了。

后来，康熙皇帝到东海巡视时，见长城绵延，直到海滨，不禁心有所感，挥毫写了一首诗："万里经营到海涯，纷纷调发逐浮夸。当时费尽生民力，天下何曾属尔家。"

已经风化破损的长城

清代长城

诗中批评秦始皇修长城，虽然工程浩大，费尽了民力，但是仍然没有保住天下，长城有什么用呢？

康熙决定改变统治策略，采取"怀柔"政策，拉拢蒙、藏各族的上层王公贵族，利用宗教信仰，用思想统治的办法代替了浩大的长城工程。

事实证明，康熙皇帝不修长城是对的。这既减轻了百姓的负担，也固结了各族人民。

但是，清王朝也曾在东北地区修筑"柳条边"，用以限制牧民的活动。在个别地点也利用或修缮过一些古长城，用以镇压

清王朝开始停止对长城的大规模修建工程

历代长城

古烽火台遗址

人民的反抗。但那毕竟是个别的，是极少数的。

鸦片战争之后，清政府为了向英国赔款，大量搜刮白银；资本主义国家工业产品和鸦片的大量输入，使我国自给自足的自然经济遭到严重破坏。在这个大背景下，中国社会阶级矛盾日益激化。安徽、山东、河南和湖北一带的贫苦农民反清结社组织——捻党随着形势的发展，拿起刀枪，壮大成为一支强大的农民起义军，活动在太平天国北方地区。太平天国革命斗争失败之后，捻军担负起了抗清斗争的历史重任，给清廷统治以强有力的打击。

山西大同阳高长城乡长城脚下迁走的村庄遗址

山西大同浑源二岭烽火台遗址

同治四年（1865年）上半年，捻军在与清军作战中连连大捷，特别是5月18日在山东菏泽高楼寨消灭了清廷科尔沁亲王僧格林沁马队及所部一万一千余众，击毙僧格林沁本人。消息传出，中外震惊，朝野大骇。清廷只得依靠汉人掌兵，急调曾国藩率湘军北上勤王。

曾国藩走马上任后，改变了以往清军采用的"狂奔穷追"的战法，提出了"重点设防""布置河防""以墙制骑"和"查圩"的"变尾追之局为拦头之师，以有定之兵制无定之贼"的战略方针。

当时，清军战马极少，无法超过捻军，

甚至无法达到与之抗衡的平等强势。于是，曾国藩另辟蹊径，首先在运河、沙河、贾鲁河沿岸构筑长墙工事，并发展成由点到线的防御体系。这种对付捻军的方法成为致捻军于死地的战略战术，长墙工事即清代长城。

捻军被镇压之后，淮军转而北上，进入山西，在晋陕峡谷东岸沿河布防，抵挡西北起义军东进。现存于山西境内的清代长城就是在这一时期修筑的。

清代长城不像历代长城那样沿山脊腾空崛起，给人以高耸入云、雄伟挺拔、横空出世之感；而是横卧在奔腾咆哮的黄河之滨，犹如一条巨龙奔腾欲飞。它的墙身前临大河，

山西朔州平鲁烽火台遗址

清代长城

山西大同新荣得胜堡长城前残损的石狮

后依峻岭。一座座方形炮台凸出墙外，巨大的炮口射孔对准渡船靠岸的码头水湾，壁垒森严，虎视眈眈。根据晋陕峡谷南部地段 334 华里一段清代长城之形制特点而言，大致可以归结为如下三点：

其一，整个长城布局疏密有致，重点突出。

清代长城的布局不像明代长城那样连绵不断，而是因地制宜，根据地势、要隘具体情况当密则密，当疏则疏。其基本原则是重要隘口、渡口要筑高墙、重墙，要设炮台；一般渡口、小道则只筑营垒、挡墙；

遇河水平缓或河岸平缓地段要筑绵延千里的长墉；逢山势峭立若壁、人马难以攀援的高岸，则仅在两侧或相邻陡崖间修筑栅卡。

其二，修墙砌垒时就地取材，巧用山河实物。

这一特点与历代长城相比而言，清代长城体现得最为明显。整个工程用料均系就地取材。

其三，工程设计集历代经验之大成，开时代之新风。

山西朔州雁门关一带的残损长城

清代长城从外观上看没有前代长城那样雄伟壮观，但清代长城在实战功能、建造技术、整体布局等方面都优于历代长城，而且很多方面的优点是历代长城所未曾有过的。也就是说，清代长城的这些特点鲜明地呈现出近代防御工程体系的雏形。其中一些特点至今仍有实战意义，可供借鉴。

清代长城同历代长城一样，并不是一道简单的城墙，与之紧密相关联的是一些城堡、壕垒、栅卡、烽墩、寨圩等建筑。清代长城已构成了一个从中央政权通过各级军事、行政机构联系最基层军事单位及守城戍卒的完整的防御体系。

关于长城，历代称谓并不统一，初步统

计有城堑、方城、长城亭障、塞、塞垣、长城塞、长堑、广长堑、长城障塞、夹道、边墙、墙堑、界壕等（不含长城）十三种之多。仅就清代长城而言，其名称也有长墙、石垒、卡垒、长垒、壕墙、长堤、长埔、堤墙和河墙等十种。如果再加上民间俗称，那就更多了。

清人王安定《湘军记》卷十六《平捻军篇》中说："长城足以抗拒骑兵，由来已久。曾国藩奉命北征，苦无战马，屡使人外出购买。马之至者无多，而捻寇日盛，不得已变计筑长城，闻者皆笑其迂。然而，

暮色下的长城

历代长城

东捻军和西捻军最后都失败于这长城之上。因为在长城面前，捻军的马队无所用其长，什么流动战，什么步骑联合，什么埋伏包抄战，凡此等等，都变成了无用的东西。"可以说清代长城确实把捻军限制住了。长城无疑对延缓封建制度在我国的消亡起到了一定的作用。

综上所述，清长城为古代战争防御体系向近代战争防御体系转化中的过渡形制，清长城的布局和形制之所以同历代长城有些区别，是因为社会生产水平，特别是兵器的生产水平大大提高了。这是火兵器大量代替了

北京金山岭长城

清代长城

109

八达岭长城雪景

冷兵器和新军参加战争防御的相应结果。仅从战争防御体系的变化着眼，要研究中国军事史的发展进程，可以说起了承前启后作用的清代长城是一份极有价值的珍贵实物资料。

在中华民族文明的发祥地——黄河之滨，我们清楚地看到：随着社会生产力的向前发展，历代长城的旧面貌发生了一些相应的变化。这种变化宣告了冷兵器在战争中即将消亡和火兵器占据统治地位的来临。我们把这条既沿袭了两千多年来冷兵器防御体系的固有形制，又初露火兵器防御体系苗头的清代长城称为世界上最晚的长城。在中国长城博物馆里，它年纪最小，但它的威力是最大的。

清代长城的发现在长城研究史上极有价值，不仅把以往学术界认为的长城修筑下限从明代末年（约1614年）向后推移到清同治十二年（1873年），计一个朝代260年，而更重要的是揭示了作为中国特有的军事文化产物——长城，其最终在中国大地上由军事防御体系变为历史遗迹是中国社会发展的历史必然。

明朝末年，苗族发动起义，把凤凰南方长城夷为平地。

历史车轮进入清代后，清朝政府在南方长城的旧址上重新建起了新的长城，继续防御苗族人民的反抗斗争。

八　现代长城

八达岭长城烽火台

现代，长城回到了人民的手中，受到了无微不至的关怀。仅以八达岭长城为例，可见一斑。

1952年，政务院副总理郭沫若提出"保护文物，修复长城，向游人开放"的建议。从此，长城的保护和利用得到了政府的高度重视。

在中央的关怀下，罗哲文等专家多次到八达岭长城实地考察、勘测，提出了科学修复长城的方案，从而开始了解放后长城的保护和维修工作。

1984年，在邓小平"爱我中华、修我长城"的号召下，掀开了长城保护修缮的新篇章。

1987年12月，万里长城被联合国教科文组织列入《世界遗产名录》，八达岭长城代表万里长城接受了联合国教科文组织颁发的《世界文化遗产》证书。

此后，八达岭特区投巨资对长城进行抢修，对关城进行复建。按照《威尼斯宪章》的要求，本着"不改变文物原状"的原则，保持了文物的真实性，使之能够完整地传给后代。

从1953年开始，我国投入了大量的人

八达岭长城地势高峻险要，有重要的战略地位

力、物力和财力，对八达岭长城进行了多次修复。到目前为止，八达岭长城对外开放的长度为 3741 米，游览面积由原来的 6180 平方米增加到现在的 19348 平方米，另附墙台及空心敌楼 21 座、垛口 1252 座。

修复后的八达岭长城及关城再现了历史的原貌，从而也使长城得到了科学的保护。

八达岭长城是中国长城的杰出代表，也是明代长城的精华地段。这里墙体高大，用料考究，敌楼密集，虽经受几百年来风霜雨雪的侵蚀以及自然和人为因素的破坏，但仍巍然屹立、雄风犹在、雄伟壮观、气

在八达岭长城，夏天可以尽览崇山峻岭的壮丽景色

历代长城

八达岭长城一景

势磅礴。

多年来，八达岭长城景区的历任管理者始终把保护放在第一位，正确处理保护与利用的关系，使八达岭长城焕发青春活力，永葆其独有的魅力。

1981 年，我国成立了延庆县八达岭特区办事处。特区办事处在发展旅游事业的同时，一直致力于长城文物的保护工作，对长城进行定期巡查，及时维修出现险情的墙体、敌楼，更换磨损的马道砖，对破坏文物保护标志和乱刻乱画等行为严加制止，维护景区秩序，规范旅游设施。

专职管理机构的设立使遗产保护步入了

八达岭长城一景

制度化、法制化、规范化。

　　在过去的一段时间里，尤其是20世纪60年代到80年代，长城时而游人爆满，一度难载重负；周围林立的商业摊点杂乱无序，喧嚣日烈，这一切令古老的长城历史形象大为受损，更对遗产保护工作构成了威胁。

　　近几年来，长城两侧受到严格控制，已经及时拆除了长城附近的大型商业设施、长城沿线设置的商业摊点、大型构筑物和违章建筑。同时，还通过引进人才、开展业务培训等途径来提高管理队伍、服务人员的整体素质，为更好地、科学地保护和

八达岭长城是明长城中保存最完好的一段

八达岭长城远眺

现代长城

中国长城博物馆

管理长城打下了坚实的基础。

改革开放后，随着人们物质生活水平的提高，到八达岭旅游观光的国内外游人与日俱增，旅游促进了经济的发展。

长期以来，为保护和宣传长城，挖掘长城文化内涵，满足游客在游览长城的同时了解更多的长城知识，国家一直控制长城两侧建控区域内不允许有任何建筑。国家先后建成开放了展示长城历史和风貌的"中国长城博物馆""长城全国影院"水关长城、夜长城、残长城自然风景区等长城文化旅游景点，更丰富和突出了长城文化和特色。

五十多年来，八达岭长城已接待中外

游人1.3亿人次，其中，外宾1500多万人次，特别是作为我国政府重要的礼宾外事接待场所，已接待了尼克松、里根、伊丽莎白二世、明仁天皇、叶利钦、曼德拉、普京、小布什等400余位国家元首、政府首脑以及众多的世界风云人物，是接待国家元首、政府首脑和中外游人最多的长城风景名胜区，先后被评为"全国十大风景名胜区之首""全国旅游胜地四十佳之首""全国文明风景旅游区示范点""全国首批4A级旅游景区""爱国主义教育基地"等荣誉。"不到长城非好汉"已风靡世界各地，深入人心，将长城的

斑斓绚丽的长城夜景

现代长城

影响推向天涯海角。

实践证明，世界文化遗产极大地促进了旅游业，而旅游业的发展又加强和促进了全社会对遗产的关注与保护，并从科学的旅游管理中获得可持续利用的动力。

八达岭长城在世界上享有很高的声誉，备受世界各国人民的关注。它既是中华民族重点文物保护单位，又是世界文化遗产。为了使长城能够真正地实现历史、科学和艺术方面的价值，八达岭特区办事处本着"保护为主、抢救第一、合理利用、加强管理"的文物工作方针，为进一步搞好景区的绿化和美化，完全融入奥运理念，创造优良的生态环境而不懈努力。

国家计划用五年时间在八达岭长城景区按照植树种草、见缝插绿的原则，实施立体绿化、美化，为游人创造优质、舒适的旅游生态环境。

今天的八达岭长城已经成为东西方文化交流与朋友相聚的舞台，成为联络中国与世界的友谊之桥，成为中外游人了解长城历史和中国文化的大课堂，也是对青少年进行爱国主义教育的基地。

在新的历史时期，长城有了新的内容，被赋予了新的生命力。

八达岭长城一角